펴 낸 날	2024년 12월 01일
펴 낸 곳	토산초등학교 제주시 특별자치도 서귀포시 표선면 토산 중앙로 68-9
글 · 그 림	6학년 학생들_ 김경원 김다혜 김소희 김수환 원재희 이재웅 이충훈 이충휘 정성훈
기 획	양영심
담임교사	서민숙
그림지도	신기영
발 행 인	이지영
발 행 처	도서출판 문학산책 대표전화 042-223-8007 전자우편 jj998007@naver.com 홈페이지 www.book999.modoo.at e-mail jj998007@naver.com
I S B N	979-11-989780-5-9(07810)

ⓒ 토산초등학교 6학년 학생들
이 책은 저작권 법에 의해 보호를 받는 저작물이므로 무단 전제 및 복제를 금합니다.
내용의 전부 또는 일부를 이용하려면 저작권자와 출판사의 서면 동의를 받아야 합니다.
본 저작물의 일부는 한컴 울주 반구대 암각화체를 사용하였습니다.

꽃이 된 씨앗

The Seed That Became a Flower

토산초등학교 시그림책

이 책이 나올 수 있도록 도움주신
박소현(NGUYỄN THỊ MỸ XUYÊN) 어머님
이가영(នុត លីណា) 어머님
이지영(Ludyveca) 어머님
한예진(ALMA JOY) 어머님께
진심으로 감사드립니다.

꽃이 된 씨앗

The Seed That Became a Flower

먼 나라에서 날아온 작은 씨앗

가만가만 숨을 고르며 뿌리를 내려요

Quietly catching its breath and slowly puts down its roots

흙 속에서 긴긴 시간을 보내는 동안
어두운 밤 세찬 비바람에 힘겨운 시간들

Spending long days buried in the soil
Dark nights and fierce storms bring challenging times

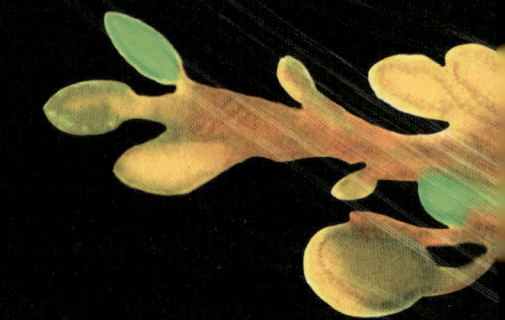

안으로 안으로 눈물을 품으며
작은 싹이 고개를 들어요

With silent tears
A small sprout lifts its head

달빛이 내어주는
부드러운 손길을 떠올리며

마음을 다독여요

It remembers the gentle touch
of the moonlight
Which soothes its trembling form

아침에 따스한 햇살이 내려와

살포시 곁을 감싸주면

When the morning light comes
Wrapped softly in its warm embrace

어린 싹은 힘을 내어
꽃봉오리를 맺어요

The little sprout gathers its strength
And forms a budding bloom

서로서로 안아주고 서로서로 기대며

They hold each other close, lean on one another

바람에 쓰러지지 않을
단단한 씨앗 만들고 있어요

Together, they grow strong seeds
Seeds that will not fall to the storm

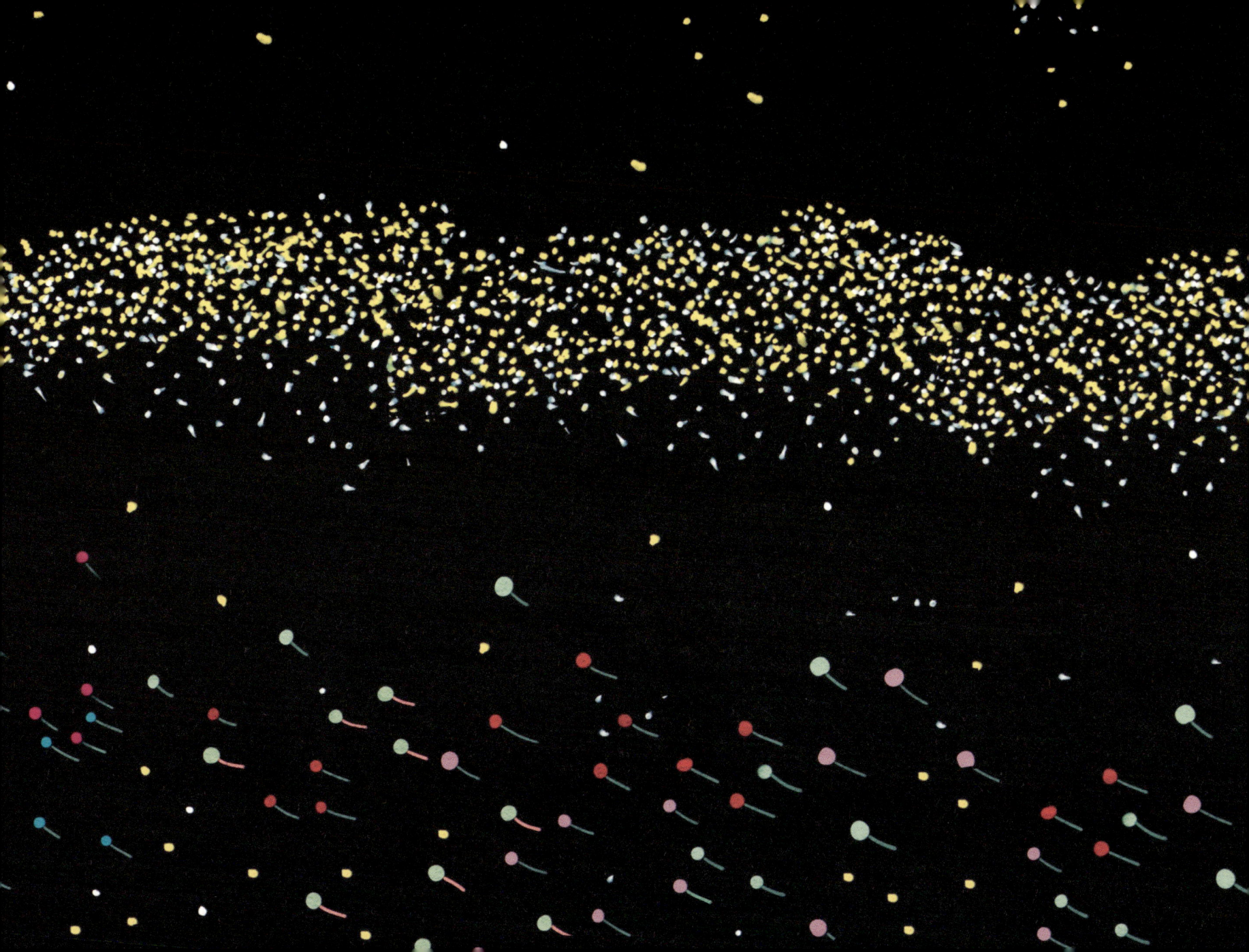

엄마 나라 글로 읽는

꽃이 된 씨앗

គ្រាប់ពូជបានក្លាយជាផ្កា

គ្រាប់ពូជតូចមួយមកពីប្រទេសដាច់ស្រយាល
ធ្លាក់ចុះយ៉ាងទន់ភ្លន់លើដីមិនស្គាល់
ធូរដជ្រើមយ៉ាងស្ងប់ស្ងាត់
ហើយចាប់ផ្តើមដាំឬសយ៉ាងយឺតៗជ្រៅៗ។

ខណៈពេលដែលចំណាយពេលយូរនៅក្នុងភាពកខ្វក់
ពេលវេលាលំបាកនៅពេលយប់ងងឹត
និងមានភ្លៀងធ្លាក់ខ្លាំង និងខ្យល់បក់ខ្លាំង
ជាមួយនឹងទឹកភ្នែកនៅខាងក្នុង
ពន្លកតូចមួយលើកក្បាលរបស់វាឡើងយ៉ាងយឺត។

រាល់ពេលដែលខ្យល់បក់មក
ការស្តាបអង្កែលជំទន់ភ្លន់នៃពន្លឺព្រះច័ន្ទ
ធ្វើឱ្យចិត្តខ្ញុំស្ងប់។

នៅពេលដែលពន្លឺថ្ងៃដ៏កក់ក្តៅចុះមកនៅពេលព្រឹក
ហើយអរាបចំហៀងដោយថ្មមៗ
ពន្លករាប់ក្មេងទទួលបានកម្លាំង និងបង្កើតជាកញ្ចុំផ្កា។

ផ្កាតូចៗនីមួយៗបើកផ្ការរបស់វាបន្តិចម្តងៗបន្តិចម្តងៗ
រាចាប់ផ្តើមបពេ្ចញពន្លឺដ៏ស្រស់ស្អាត
ផ្លះទៅកាន់ពិភពលោក។

ទោះបីជានៅក្នុងខ្យល់ខ្លាំងបំផុត
ពួកគេឱបគ្នា ហើយឱបគ្នាទៅវិញទៅមកយ៉ាងជិតស្និទ្ធ
រួមគ្នាផលិតគ្រាប់ពូជរឹងមាំ។

Ang Binhing Naging Bulaklak

Isang munting binhi mula sa malayong lupain
Marahang lumapag sa isang banyagang hardin
Tahimik na huminga nang malalim
At ang ugat ay dahan-dahang itinanim

Sa mahabang panahong paggugol sa kailaliman ng lupa
Mga gabing madilim at malalakas na unos ang dumating
Sa kaloob-loobang tinipong mga luha
Ay ang pag-usbong ng ulo ng munting supling

Tuwing inuuga ng hangin,
Ito'y nagpapaalala na rin
Ng banayad na haplos ng liwanag ng buwan
At banayad na lambing

Sa umaga, pagbaba ng mainit na sinag ng araw
Sa marahan nitong pagpulupot na yakap
Ang usbong na supling ay nag-iipon ng lakas
At nagsisimulang mamukadkad

Isa-isa, sa bawat maliit na usbong,
Ang mga talulot ay dahan-dahang namumukadkad
Unti-unting humaharap sa mundo,
At nagsisimulang magningning ng liwanag na banayad

Kahit sa gitna ng pinakamatitinding hangin,
Sila'y magkaakay, umaasa sa isa't isa,
Sama-samang bumubuo ng matitibay
At hindi mapababagsak ng unos na mga supling

Hạt Giống Trở Thành Hoa

Một hạt giống nhỏ từ vùng đất xa xôi
Nhẹ nhàng đáp xuống mảnh đất lạ
Lặng lẽ hít thở từng hơi
Và từ từ bén rễ sâu

Trong suốt quãng thời gian dài dưới lòng đất
Những đêm đen và cơn bão dữ dội đã trôi qua
Giấu kín những giọt nước mắt bên trong
Cho đến khi mầm non nhỏ bé từ từ ngẩng cao đầu

Mỗi khi bị lay động bởi làn gió
Nó nhớ lại bàn tay dịu dàng
Của ánh trăng
Và tự vỗ về trái tim run rẩy của mình

Khi ánh nắng ấm áp buổi sáng chiếu xuống
Nhẹ nhàng ôm lấy nó bên cạnh
Mầm non nhỏ bé thu thập sức mạnh
Và bắt đầu nở ra một bông hoa nhỏ

Trên từng nụ hoa nhỏ, lần lượt
Những cánh hoa từ từ hé nở
Chầm chậm hướng về thế giới
Và bắt đầu tỏa ra ánh sáng dịu dàng

Ngay cả trong những cơn gió dữ dội nhất
Chúng dựa vào nhau, ôm lấy nhau thật chặt
Cùng nhau tạo ra những hạt giống kiên cường
Những hạt giống không bao giờ gục ngã trước bão tố

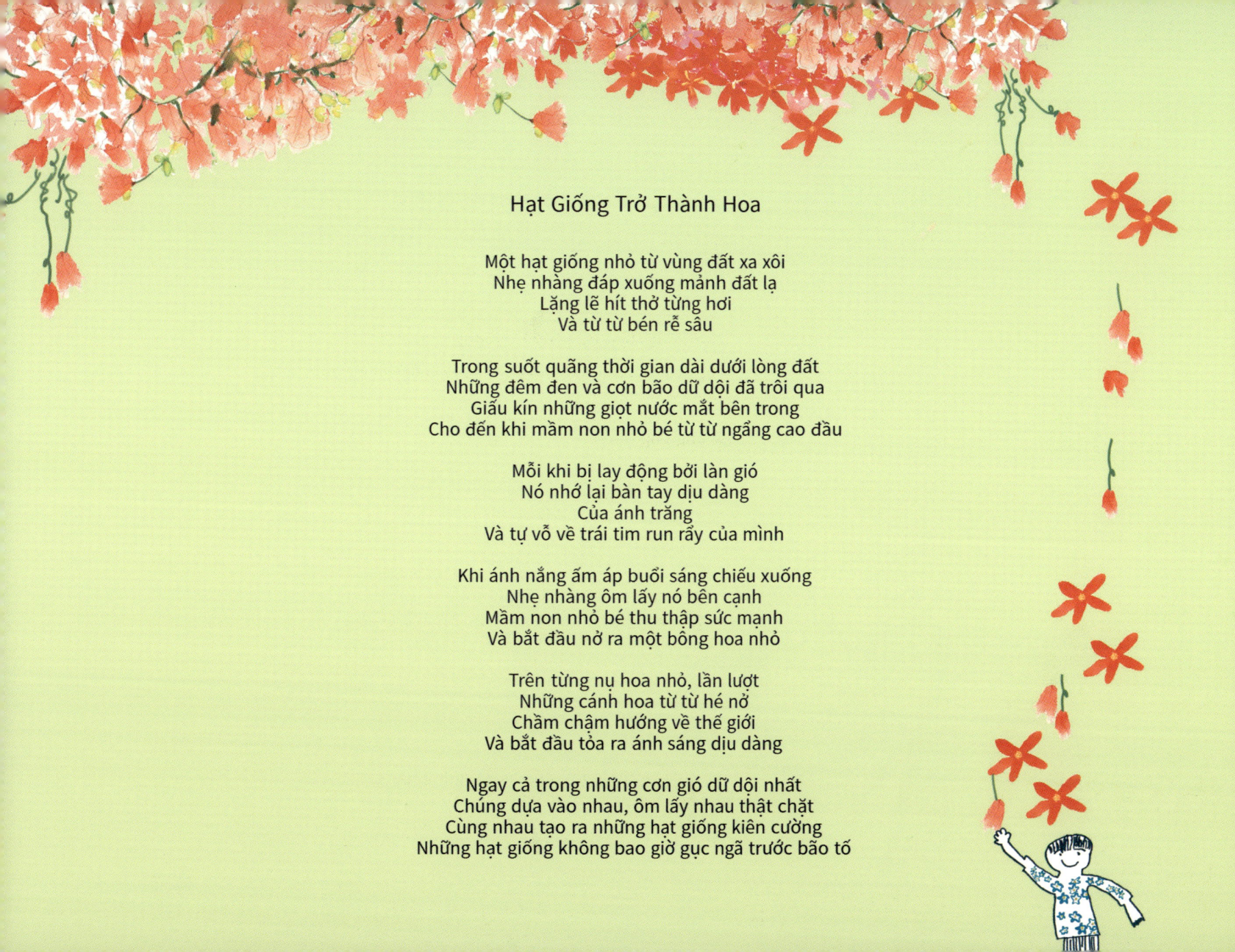

기획자의 말

'꽃이 된 씨앗'은 토산초등학교 6학년 학생들이
캄보디아, 필리핀, 베트남 출신 어머니들과의 인터뷰를 통해 알게 된
이주 여성들의 이야기를 씨앗이 자라 꽃이 피는 과정에 비유하여 쓴 시그림책입니다.

6학년 학생들이 만난 어머니들은 언어와 문화의 차이로 많은 어려움을 겪었다고 했습니다.

"피부색 때문에 듣게 된 차별적인 말에 상처받고, 한국어를 몰라 매일 눈물을 흘렸습니다.
힘들고 속상할 때면 고향에 계신 어머니가 한없이 그립기도 했습니다.
하지만 가족과 주변 사람들의 도움으로 점차 낯선 땅에 뿌리를 내리고
새로운 삶을 펼쳐 나가고 있습니다.
어린 나이에 아이를 낳아 기르느라 힘들었지만 오히려 그 아이가 삶의 희망이 되었습니다."

어머니들은 특히 고향에서 자주 보았던 롬두얼(캄보디아),
삼파귀타(필리핀), 화프엉(베트남)과 같은 꽃 이야기를 많이 하였습니다.
친구들과 꽃팔찌와 꽃목걸이를 만들어 소원을 빌고 신께 바쳤던 추억을 이야기했습니다.

오랫동안 고향의 꽃들을 보지 못한 지금,
그 꽃들을 다시 보게 된다면 눈물이 날 것 같다고 합니다.
또한 아이들에게 고향의 꽃을 보여주고, 그곳 이야기를 들려주고 싶다고 합니다.
이주해 온 어머니들의 이야기를 씨앗이 자라 꽃이 피는 과정에 비유하여 표현한 이유입니다.

낯선 땅에서 새로운 삶을 펼쳐 가는 어머니(이주 여성)들의 이야기를 세상에 펼치게 되어 기쁩니다.
더 많은 사람들이 이주해 온 어머니(이주 여성)들의 삶에 공감할 수 있도록 한국어뿐만 아니라
영어, 캄보디아, 필리핀, 베트남어도 함께 실었습니다.

이 시그림책을 통해 이 어머니(이주 여성)들의 목소리가 널리 전해지길 바랍니다.
또한 많은 독자들에게 공감과 위로가 되기를 바랍니다.

영상으로 보는 꽃이 된 씨앗